AF268334

LA PAIX

ET

LA RÉPUBLIQUE

PAR

LOUIS ANDRIEUX

PROCUREUR DE LA RÉPUBLIQUE A LYON.

50 CENTIMES

LYON

CHEZ TOUS LES LIBRAIRES

1871

LA PAIX

ET

LA RÉPUBLIQUE

La démocratie européenne a, depuis longtemps, condamné la guerre. Confiante en l'avenir, elle prophétise *la paix universelle par la confédération des Etats unis d'Europe*. Elle proclame la fraternité des peuples, et place la grandeur d'une nation, non pas dans l'étendue de son territoire, mais dans la perfection des institutions libres qu'elle a su se donner.

Pourquoi donc ce cri de *guerre à outrance*, que poussent aujourd'hui ceux qui adhéraient hier à la *ligue de la paix*? Le délire de la vengeance a-t-il effacé le souvenir des

principes? Le sang répandu a-t-il grisé nos consciences
et endurci nos cœurs ?

Non ! les Républicains qui demandent la guerre jusqu'à
l'épuisement ou à la victoire n'ont pas renié leurs principes ! Mais ils se persuadent qu'une paix humiliante serait
le tombeau des institutions nouvelles. Ils veulent que la
République donne à la patrie la gloire avec la liberté. Ils
demandent à l'histoire des leçons inapplicables au temps
présent : séduits par les nobles exemples de nos pères
de 92, ils veulent suivre leurs traces, et nous conduisent,
sans s'en douter... à une restauration monarchique ! Ce
n'est pas seulement la patrie, c'est surtout la République qui est en danger ! Au moment si grave où nos
mandataires vont se prononcer sur les propositions de la
Prusse, mon devoir de citoyen me commande de jeter le
cri d'alarme , sans prendre garde aux préjugés , sans
obéir aux mots d'ordre des partis.

La lutte peut-elle encore nous donner la victoire après
nos derniers revers? Pour me faire partager leurs patrio-
tiques illusions, il ne nous suffit pas que ceux qui nous
gouvernent nous affirment leur absolue confiance. Trop
souvent déjà, les entraînements de l'enthousiasme ont

égaré la sûreté habituelle de leur jugement. Nous voulons savoir les secrets motifs de cette confiance.

Où sont nos armées ? Où sont nos ressources ? Le pays a donné ses enfants les plus vigoureux, les plus intrépides, et les armées improvisées dont nous étions si fiers se sont subitement fondues entre les mains auxquelles elles étaient confiées. Nos places fortes sont au pouvoir de l'ennemi. La chùte de l'héroïque Paris rend à la libre disposition de l'envahisseur une armée de 400,000 hommes, avec une formidable artillerie de siége. Voilà ce que nous pouvons avouer sans crainte de rien dévoiler à M. de Bismarck.

Si la France entière, partageant le noble dévouement d'un grand nombre de ses enfants, était résolue à continuer indéfiniment la lutte, après avoir encore sacrifié quelques milliards et quelques centaines de mille hommes à l'honneur national, elle finirait, j'en suis sûr, par fatiguer l'infatiguable ténacité de l'ambition germanique.

Mais la France de 1871, énervée par vingt ans d'empire, démoralisée par six mois de défaites, a-t-elle cette indomptable résolution qui pourrait, sinon assurer la victoire, du moins sauver l'honneur du vaincu et l'intégrité du territoire par la lassitude du vainqueur?

Interrogez les campagnes. Là n'est pas toujours le dévoûment; mais là est le nombre, et partant la force. Les campagnes ne demandent que la paix. Prêtez l'oreille aux réclamations des villes : en dépit de protestations plus bruyantes que sincères, vous y constaterez encore la majorité des aspirations pacifiques. Ecoutez l'armée elle-même; interrogez ceux qui partent, et surtout ceux qui reviennent. Votre conviction sera faite.

Le pays ne veut pas la guerre à outrance. Je le regrette pour ma part; car je crois, avec vous, qu'une nation comme la France se sauve toujours par son héroïsme, quand elle est décidée à donner son dernier homme et son dernier écu.

Mais je crois aussi que cette détermination suprême ne saurait s'imposer. Si l'issue de la lutte *jusqu'à l'épuisement* ne m'inspire aucune confiance, c'est que je sais que le pays ne consentira pas à se laisser *épuiser*.

Ce ne sont pas les hommes qui nous manquent : c'est la confiance et la volonté.

Aujourd'hui, nous pouvons encore discuter les conditions de la paix en montrant nos baïonnettes. Demain, le pourrons-nous ?

Une dernière défaite après un dernier effort, c'est la France garrottée, à la merci du vainqueur ; c'est une restauration monarchique assurée , la plus honteuse de toutes, une restauration bonapartiste !

Mais j'admets que nous arrêtions momentanément l'invasion en lui opposant la levée en masse ? Que se passera-t-il dans les départements occupés par l'ennemi ?

A peine M. de Bismark aura-t-il échoué dans ses tentatives de traité avec l'Assemblée nationale qu'il reprendra les négociations avec la dynastie déchue. Celle-ci, sans hésiter, pour retrouver un trône, trahira une fois de plus la France.

Je vois déjà la Régence rentrant à Paris dans les fourgons prussiens et lançant des décrets contresignés par M. de Bismark.

Que se passera-t-il alors dans nos départements ? Sommes-nous assez sûrs de nos paysans plébiscitaires

pour être convaincus qu'ils ne se laisseront point entraî-
ner à la révolte contre le gouvernement républicain par
le désir d'accepter la paix des mains de la Régente ?

Serez-vous assez forts, Messieurs les Ministres, pour
vaincre les résistances, faire rentrer les impôts, exiger
la levée en masse ? Où trouverez-vous le crédit nécessaire pour contracter des emprunts devenus indispensa-
bles autant qu'impossibles ?

Nous tombons dans l'anarchie et, après tant de mal-
heurs, nous aboutissons à la guerre civile.

Ah ! dans cette lutte suprême, nous tous Républicains,
oubliant nos déplorables divisions, nous soutiendrons le
Gouvernement de la Défense. Nous tomberons glorieu-
sement les armes à la main ; mais avec nous tombera la
République, et la chute de la République française retar-
dera pour longtemps le progrès de l'Europe entière !

Signaler, comme je l'ai fait, le danger de la guerre à
outrance, ce n'est point demander la paix à tout prix.
Il importe au contraire, aux élections prochaines, de re-
pousser les hommes sans caractère, disposés de parti
pris à toutes les concessions. Choisissons des mandataires

énergiques, capables de discuter à la face du monde le grand procès du droit contre la force, de la civilisation contre la barbarie.

Que la parole de nos Représentants éveille les sympathies de tous les peuples. Qu'ils fassent appel à l'intervention des cabinets européens. Là est encore un espoir; car l'écrasement de la France par la Prusse, c'est l'amoindrissement de toutes les nations voisines.

M'objectera-t-on que la guerre à outrance est nécessaire parce qu'une paix onéreuse entraînerait la chute de la République? Je ne puis l'admettre. L'empire seul est coupable de la guerre; lui seul restera responsable de ses désastreuses conséquences, et le pays saura gré à la République d'avoir mis fin aux maux qu'il endure.

La République ne peut périr en France que par une restauration qu'imposerait la Prusse victorieuse.

Que mettrait le pays à la place de la République!

Jamais une Chambre française n'aura la lâcheté de confier à un Bonaparte les destinées de la France et, en dehors de cette dynastie dont le nom restera à jamais exécré parmi nous, il n'est pas un prince assez avide du pouvoir pour accepter dès à présent la succession obérée que nous a léguée l'empire. Légitimistes et Orléanistes doivent ajourner leurs espérances ; nous aurons le temps de les déjouer, en faisant aimer les institutions républicaines.

Et qui donc, à part une minorité attachée par intérêts ou par des souvenirs de famille à une dynastie, ne se rallierait sincèrement à une République, respectueuse des droits de tous, c'est-à-dire à la seule République qui puisse sortir d'une Chambre élue par le suffrage universel ?

Bourgeois et paysans, soucieux de vos intérêts, vous savez bien qu'une telle assemblée ne donnera le pouvoir qu'à des hommes dignes de votre confiance. Puisque vous formez la majorité dans le pays, en vérité, c'est vous qui gouvernerez. Les ouvriers de nos villes auront aussi leurs représentants. Mais, qu'avez-vous à craindre de leurs théories sociales dans une chambre où forcément vous aurez la majorité ? Vous donnerez satisfaction à ce qu'il y aura de légitime dans leurs réclamations, et vous ferez ainsi disparaître une cause de discordes civiles en créant entre eux et vous un lien de fraternité.

Le Gouvernement républicain ne puisant sa force que

dans le consentement du plus grand nombre ne peut être
exclusif. Il appelle à lui les Républicains du lendemain
comme ceux de la veille, et, sous peine de se suicider,
il donne satisfaction à tous les intérêts. Nos principes,
même les plus certains, auront besoin de l'assentiment
de la nation pour passer dans la législation française.
Nous attendons tout du temps et de la persuasion : ceux
d'entre nous qui auraient la folie de vouloir, en un jour,
transformer la société, ne sont que des rêveurs peu dan-
gereux. Dès lors qu'ils constituent une minorité dans le
pays, ils seront aussi à la Chambre une minorité impuis-
sante à faire prévaloir ses volontés.

Que l'expérience des jours écoulés depuis le 4 septem-
bre n'altère pas en vos esprits l'idée vraie des institutions démocratiques. Nous avons été régis par une dic-
tature oligarchique, nécessitée peut-être par des circons-
tances exceptionnelles, mais qui ne peut se prolonger et
n'a rien de commun avec la République.

Aujourd'hui plus que jamais, la France doit se ratta-
cher à la forme politique qui, par une sévère gestion de
nos deniers, par la suppression des gros traitements et
des budgets inutiles, peut seule rétablir l'état si désas-

treux de nos finances. Grevée d'une dette énorme, la France serait fatalement conduite à la banqueroute par les prodigalités inhérentes à toute monarchie.

Enfin, voulez-vous l'ordre, conservateurs qu'une crainte mal fondée a trop longtemps écartés du régime républicain? Vous savez que tout changement politique est une cause de désorganisation et de troubles : vous étiez conservateurs sous l'Empire, soyez conservateurs sous la République.

Rappelez-vous qu'il est en France un parti qui n'abdiquera jamais; c'est le parti Républicain. Après quelques années de République, les partis monarchiques s'effacent; les dynasties finissent par s'éteindre. Un jour viendra où il sera aussi insensé de rêver une restauration en France qu'une monarchie en Suisse ou aux Etats-Unis. Alors nous n'aurons à craindre aucune tentative de révolution politique. La forme gouvernementale sera à l'abri de toute discussion. La stabilité de nos institutions donnera à notre industrie une sécurité qui en favorisera l'essor, à l'Etat un crédit assuré, à tout le pays une prospérité toujours croissante.

Avec une monarchie, la moindre maladie du souverain

jette la perturbation dans vos affaires, et le parti Républicain, de plus en plus nombreux, suspend sans cesse sur vos intérêts la menace d'une révolution ; car ce n'est pas à un homme qu'il a juré fidélité, c'est à une religion politique, c'est à un principe, qui ne meurt jamais !

Si vous voulez clore l'ère des révolutions, soyez avec nous. Si vous craignez la lutte fratricide des citoyens qui s'égorgent entre eux, le sang sur le pavé, les balles qui sifflent près des barricades, défendez avec nous notre chère République ; car nous ne la livrerons pas !

Ces vérités s'imposeront aux Représentants choisis parmi les citoyens les plus éclairés et les plus intègres de la nation. L'intérêt même de l'ordre leur dictera leur adhésion à la République.

Républicains, mes frères, quand nous luttions ensemble contre le despotisme impérial, prêchant à tous les peuples la fraternité, la paix, la suppression des frontières, que n'eussiez-vous donné pour que la contagieuse République eût pu descendre sur un coin béni du sol français, sûrs qu'elle eût bientôt envahi l'Europe entière ? Et aujourd'hui, pour sauver une province, qui bientôt nous reviendra, vous joueriez au jeu de la guerre le sort de la

République et de la Nation ! Non ! Vous n'en avez pas
le droit ! Vous n'assumerez pas devant nos descendants
cette terrible responsabilité. Songez que nous avons at-
tendu vingt ans !

L'avenir nous réserve une glorieuse revanche. Déjà la
vengeance a commencé ; car nous avons donné un empe-
reur aux Allemands. Ils sauront à leur tour ce que coûte
la gloire des armes. Un jour, nous irons leur porter la
délivrance, et nous retrouverons nos frontières.

La propagande républicaine, cette arme pacifique qui
mine les empires, nous rendra bientôt notre rang parmi
les nations. L'Italie et l'Espagne sont prêtes. L'union
fraternelle des races latines, resserrée par la communauté
des institutions, tiendra en échec l'union contrainte et
incomplète des Germains.

Retenu par d'autres devoirs, je n'ai pas demandé à
mes concitoyens le mandat de Représentant qu'ils confie-
ront à des mains plus dignes. J'ai voulu, du moins, déposer
dans ces quelques pages l'expression d'une conviction
intime. Puisse-t-elle trouver un écho dans les rangs de
nos Députés.

Puisse la prochaine assemblée nous donner LA PAIX
ET LA RÉPUBLIQUE.

Louis ANDRIEUX,

Procureur de la République.